LA STATUE

DE

NOTRE-DAME DE FOURVIÈRES.

IMPR. GIRARD ET JOSSERAND, RUE SAINT-DOMINIQUE, 15, LYON.

LA STATUE

DE NOTRE-DAME

DE FOURVIÈRES

RELATION EXACTE DES FÊTES DE L'INAUGURATION

Publiée sous les auspices de S. É. Mgr le Cardinal-Archevêque

ET SUIVIE DU PROCÈS-VERBAL DE LA CÉRÉMONIE ;

Par M. l'Abbé BOUILLARD,

Vicaire de Saint-François-de-Sales.

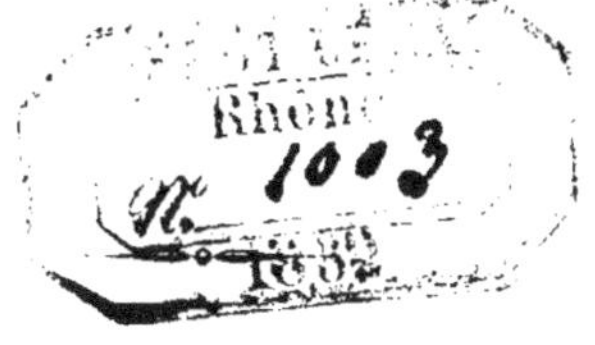

LYON,

GIRARD ET JOSSERAND, IMPRIMEURS-LIBRAIRES,

Place Bellecour, 21.

—

1852

Avant de décrire cette fête, qui a manifesté dans un double élan la reconnaissance et l'amour des Lyonnais pour Notre-Dame de Fourvières, nous devions rappeler les droits qu'elle avait acquis depuis longtemps à ce glorieux triomphe.

Nous divisons donc cette relation en deux parties : dans la première, nous rappelons la protection de Marie sur notre cité depuis le jour où elle lui fut solennellement consacrée par nos pères jusqu'aux faveurs dont nous avons été l'objet dans les dangers contemporains ; dans la seconde, nous reproduisons fidèlement la physionomie du 8 et du 12 décembre, où Lyon a répondu par deux jours de fêtes à deux siècles de bienfaits.

1643.

LA VILLE DE LYON

CONSACRÉE A NOTRE-DAME DE FOURVIÈRES

PAR SES MAGISTRATS.

En 1628, un fléau qui désolait tour à tour les plus belles contrées de l'Europe s'abattit de nouveau sur Lyon. Ses ravages y dépassèrent tout ce qu'un siècle de famines, de guerres et d'épidémies successives avait produit jusque là d'affreuses calamités. Ils ne cessèrent qu'en 1643, époque mémorable où la ville se voua par une solennelle consécration à Notre-Dame de Fourvières.

Le lugubre tableau que les historiens ont tracé de Lyon en 1628 serait trop long à reproduire. En voici les principaux traits. Pendant les quatre premiers mois de la contagion, à peu près tout ce qui fut attaqué périt, et il y eut des jours où quatre cents victimes succombaient par heure. Fuir au loin était impossible ; les paysans traquaient dans les bois ces hôtes pestiférés. Au dedans, les familles étaient parquées dans l'isolement de la terreur; des bruits d'empoisonnement ajoutaient à l'effroi général la fureur populaire ; des rues presque entières étaient dépeuplées, tandis que des hôpitaux de deux cents lits recevaient à la fois jusqu'à six mille mourants.

Ici, des malades se cousant eux-mêmes dans leur linceul, des femmes six fois veuves et six fois remariées en quatre mois, des vieillards plus qu'octogénaires, seuls survivants de leur nombreuse famille, se couchant sur le bord de leur tombe, dans l'espoir qu'une dernière convulsion les fera glisser dans la fosse, et que la pitié des passants les couvrira d'un peu de terre ; là, d'autres malheureux, à défaut de meilleur asile, se faisant une demeure avec des morts entassés et abritant leur agonie sous l'infection des cadavres ; enfin, des potences dressées sur toutes les places pour intimider les malfaiteurs, et des loups hurlant à l'odeur d'une pâture humaine dans le funèbre silence de la cité : tel était l'aspect de Lyon.

La religion seule apportait quelque adoucissement à ces maux. Ses ministres se partagèrent le soin des malades. Chaque ordre religieux choisit le poste où il voulait consoler et mourir. Les capucins prirent Saint-Paul et l'hospice des pestiférés; les minimes, Saint-Jean et Saint-Georges; les récollets, Saint-Clair et l'Hôtel-Dieu; les jésuites, tout le quartier populeux de Saint-Nizier. Ce n'est point alors qu'on eût mis en question l'utilité des congrégations religieuses. Partout s'élevaient dans les rues des autels improvisés; on avait soin qu'ils fussent dressés bien haut, afin que le prêtre qui bénissait la ville mourante fût aperçu de plus loin. Chaque jour, à midi, la grosse cloche de Saint-Jean sonnait, et aussitôt que les graves tintements du bourdon se faisaient entendre, tout Lyonnais tombait à genoux et récitait dévotement cinq *Pater* et cinq *Ave :* c'était comme la prière publique des agonisants.

Au bout d'une année, lorsque le fléau cessa, la ville avait perdu, dit-on, 70,000 habitants; tous les vieillards avaient disparu; de 18,000 pauvres que nourrissait l'Aumône générale, il n'en restait que 600 ; sur 80 sœurs infirmières, 20 seulement survivaient; quant aux prêtres et aux religieux, les trois quarts avaient péri en secourant les pestiférés. Pour comble de malheur, la ville relevait à peine de ses funérailles, qu'aussitôt l'épidémie, revenant sur ses pas, ramassait les victimes précédemment oubliées; et il en fut ainsi jusqu'au jour où Lyon, cinq fois ravagé par la famine, trois fois ensanglanté par la guerre et ses massacres, neuf fois décimé en un siècle par la contagion sans cesse renaissante, se jeta dans les bras de Marie, son unique et dernière espérance de salut.

L'acte authentique de cette pieuse résolution fut rédigé à l'Hôtel-de-Ville le 12 mars 1643.

On lit dans le procès-verbal de la séance consulaire :

« Les dits sieurs (prevost des marchands et eschevins) ayant mis en considération que le plus grand bien et advantage qu'ils pouvoient procurer à cette ville, estoit de la mettre soubs la protection toute puissante de la très-sainte et immaculée Vierge Marie, par quelque honneur et dévotion extraordinaire que le corps consulaire lui rendroit annuellement;

« A quoi faire ils se trouvoient d'autant plus obligés que, malgré le bon ordre ponctuellement observé en cette dite ville depuis l'année 1628, le mal contagieux n'a laissé presque d'y continuer jusques à présent, de manière qu'il semble n'y avoir lieu d'en estre si promptement délivré par des remèdes humains...

« Ont résolu que tant eux que leurs successeurs ès dites charges, iront à pied, toutes les festes de la Nativité, en la chapelle de Notre-Dame de Fourvière, pour y ouïr la sainte messe et y faire leurs prières et dévotions à la dite Vierge, et lui offrir, en forme d'hommage et recognoissance, la quantité de sept livres cire blanche en cierges et flambeaux propres au divin service de ladite chapelle, et un escu d'or au soleil. Et ce pour disposer la dite Vierge à recevoir en sa protection la dite ville. Dont a été fait le présent acte. — Signé Mascranny, Chappuis, J. Boniel, Le Maistre, Pillehotte (eschevins). »

En effet, le 3 septembre 1643, tout ce qui restait du peuple vint, à la suite de ses magistrats, se placer sous la sauvegarde de Notre-Dame de Fourvières (1). Ce jour mit fin au fléau. La Consolatrice des affligés, en prenant possession de son héritage, avait détrôné la mort.

----

(1) Pendant un siècle et demi, le jour de la Nativité retrouva fidèlement aux pieds de Marie les magistrats lyonnais et la cité reconnaissante.

Le souvenir de ce fait mémorable fut gravé sur le marbre, et une statue élevée à la Vierge immaculée sur le pont du Change a attesté jusqu'à la Révolution la gratitude de nos pères.

Deux siècles se sont écoulés depuis ce pacte de famille conclu entre Marie et Lyon. Des deux côtés l'alliance a été religieusement observée; elle porte encore ses fruits. Toujours fidèles à leur vœu, les Lyonnais ont constamment trouvé Marie entre eux et le fléau, chaque fois qu'il est venu, comme un banni, rôder autour de son ancienne patrie, dont il fut si longtemps l'effroi. Cependant toutes les voies lui restaient ouvertes comme par le passé; les conditions intérieures d'insalubrité qui appelaient jadis la contagion parmi nous sont encore les mêmes; les causes extérieures d'épidémie, qui neuf fois en un siècle nous avaient inoculé le germe destructeur, se sont reproduites aussi nombreuses et plus menaçantes que jamais. D'où vient donc que la mortalité traditionnelle a disparu, quand ses sources naturelles n'ont pas tari? Comment la terre classique des pestes s'est-elle changée soudain en sanitaire asile? Comment se fait-il qu'une ville qui avait autrefois sa part de tous les fléaux, soit aujourd'hui la seule à l'abri de leur atteinte? Qu'on cherche à ce salut tout exceptionnel, à ce miracle de préservation qui dure depuis deux cents ans, une explication quelconque, on n'en trouvera pas d'autre que celle dont nous avons indiqué la cause et la date : le vœu de 1643. Cette conclusion emprunte une nouvelle évidence aux faits contemporains.

En 1832, le choléra, mystérieux fléau dont nos pères savaient à peine le nom, apparaît au nord de l'Europe. Tous les regards étaient alors fixés sur la Pologne aux prises avec la Russie. Tout à coup une trêve pleine d'agonie a enchaîné les deux armées sous la tente. Le soldat n'a plus besoin des champs de bataille pour mourir : le choléra est dans les deux camps. Bientôt Vienne et Londres sont frappés comme Varsovie et Moscou. La France est envahie à son tour; Paris, consterné de ses treize cents morts par jour, est tout entier à ses funérailles ; Lyon attend.

Chaque nouvelle recueillie sur la marche du choléra est pour nous une menace.

On dit que les grands centres l'attirent et que la misère est son naturel aliment : à ces deux titres, Lyon est d'avance désigné comme sa proie.

On dit encore que les fleuves lui servent de conducteurs: Lyon, assis à la jonction de deux rivières, lui tend les bras à l'est et au nord.

On a remarqué enfin qu'appelé par la fermentation des esprits, il éclate ou sévit avec plus de fureur après les crises populaires : or, Lyon n'est qu'au lendemain de la guerre civile et s'agite déjà pour de nouveaux combats.

Du reste, toute science est en défaut, tout remède est reconnu impuissant. Il en est un pourtant, mais un seul, en qui Lyon espère : la protection séculaire de Marie. Chaque jour dix mille pèlerins vont l'implorer sur la sainte montagne. Plus le fléau approche, plus la chapelle est pieusement assiégée. On dirait que la ville, pour purifier l'air empesté qui l'entoure, s'est comme enveloppée d'une atmosphère de prières, et que la population tout entière veut se cacher sous le manteau de Marie. C'était là sa dernière espérance; elle ne fut pas trompée. Arrivé à nos portes, le choléra franchit d'un bond la cité sans l'atteindre, et s'en alla expirer à quelques pas plus loin, sous le coup que la Vierge de Fourvières venait de lui porter.

Les Lyonnais avaient à peine eu le temps de faire hommage à Marie de leur salut et d'inaugurer à Fourvières l'inscription qui attestait leur reconnaissance, que le retour du choléra était de nouveau signalé. Il nous arrivait en même temps par le nord et par le midi; Paris subissait en 1835 les mêmes ravages qu'en 1832, et Marseille perdait chaque jour de quatre à cinq cents habitants. Resserré entre ces deux foyers du mal qui se rapprochaient d'heure en heure, cette fois Lyon se crut perdu.

Tout s'organisa à l'intérieur dans cette sinistre prévision, et des cercueils furent commandés en grand nombre pour les funérailles qui se préparaient. Mais quand la mort se présenta sur la rive de nos fleuves, celle que nos pères avaient établie gardienne de la cité était à son poste, et l'ange exterminateur dut encore une fois passer impuissant sur nos têtes pour aller accomplir ailleurs ses vengeances.

Une dernière épreuve restait à subir : 1849 ramenait encore le choléra à nos portes. Cette fois, la vigilance de Marie parut un instant s'être laissé surprendre ; deux cents personnes furent atteintes, dont la moitié périt. Lyon avait besoin de cette sévère leçon. Sauvé deux fois de suite par sa Mère, sans doute il lui avait renvoyé tout l'honneur de son salut ; mais certains esprits, pour qui la reconnaissance et le miracle sont un fardeau, avaient mieux aimé demander à la science une raison quelconque d'être incrédules et ingrats ; et, forts de je ne sais quel oracle, ils attribuaient aux propriétés du sol la vertu tutélaire qu'ils refusaient à Marie. Laissant donc au peuple le soin filial de rendre grâces au ciel, eux disaient au calcaire de nos collines et à la fange de nos rues : Vous êtes nos sauveurs. Ces prétendus sauveurs, il fallait en montrer le néant; le choléra en fut chargé. Déclaré physiquement impossible dans nos murs, le voilà qui entre, qui frappe, qui rend les plus sceptiques muets de confusion et d'effroi. Mais, jusque dans la revendication de ses droits méconnus, Marie sera fidèle au pacte de 1643. En effet, ceux qui sont atteints sont des personnes étrangères à la cité, des soldats de la garnison, enfants du reste de la France, et par conséquent traités comme elle. Lyon seul avait été l'objet

du vœu consulaire, Lyon seul est respecté par le fléau. Et,
pour que cette ligne de démarcation fût plus visible, le mal
eut pour limite et pour barrière l'établissement qui devait le
plus naturellement être sa proie, l'hospice de la Charité, où
des enfants et des vieillards se trouvaient entassés presque
sous le même toit que les cholériques. Mais ces orphelins et
ces pauvres appartenaient aussi à Fourvières en vertu d'une
antique et solennelle consécration ; leur asile fut donc préservé à côté de l'hôpital militaire envahi. C'était la troisième
fois, en quelques années, que le choléra s'arrêtait devant la
propriété de Marie.

PROTECTION DE NOTRE-DAME DE FOURVIÈRES DANS
LES AUTRES DANGERS CONTEMPORAINS.

D'autres périls contemporains ont signalé parmi nous l'intervention maternelle de la Vierge, notre protectrice ; car, si l'histoire moderne de Lyon n'est qu'un tissu d'épisodes orageux, elle est aussi, du côté de Fourvières, une série inépuisable de bienfaits. Dans l'impossibilité de les énumérer tous, nous indiquerons du moins le plus récent.

On sait que la population lyonnaise s'était partagée en deux camps ennemis, ulcérés l'un contre l'autre par leurs discussions de salaires et leurs souvenirs de combats (1). Chacun d'eux avait eu son jour de victoire et de défaite, sans que la haine eût désarmé (2). Le dénouement final était

(1) Les négociants et les ouvriers.
(2) Novembre et avril.

ajourné à une dernière bataille, et on attendait du temps l'occasion d'engager cette lutte suprême et décisive. A l'irritation qui fermentait dans les masses excitées par un génie occulte, aux sinistres espérances qui échappaient parfois comme un livide éclair aux plus impatients, chacun pressentait bien que l'orage était proche, mais nul ne pensait qu'il dût éclater si tôt ni se montrer si terrible.

La France était aux jours les plus calmes de sa longue paix, quand la royauté sombra tout à coup sous le flot de février. Une indicible stupeur suivit cet incroyable naufrage. Ailleurs, le sentiment général était l'anxiété de marcher au hasard vers l'inconnu ; à Lyon, c'était presque la certitude de courir à un abîme. Aussi vit-on soudain les ateliers déserts, les comptoirs fermés, l'argent enfoui, et une partie des habitants en fuite, comme des passagers éperdus qui abandonnent un navire en feu. Les premiers symptômes excusaient ce moment de panique. Sur nos places une multitude fiévreuse et prête à tous les délires ; dans la rue des bandes armées se croisant à chaque pas ; sur plusieurs points le domicile des citoyens envahi, la paix des cloîtres troublée par d'immondes visites, l'asile des orphelins saccagé par des enfants, les métiers de pauvres filles brûlés au nom du travail, l'incendie, enfin, projetant ses sinistres clartés sur la nouvelle voie où l'on entrait, tandis que le drapeau rouge, un instant arboré sur l'Hôtel-de-Ville, en indiquait le but par ses souvenirs et sa couleur : telle était alors la physionomie de Lyon.

Les faits qui suivirent cette première effervescence n'étaient pas de nature à en modérer les écarts. Tout ce qui fut organisé pour les masses servit à les pousser au désordre. L'anarchie, outre ses journaux, avait ses tribunes dans les trente-quatre clubs de chaque soir ; elle avait ses armées dans les chantiers nationaux, mieux pourvus de fusils que d'instruments de travail ; elle avait ses prétoriens dans les Voraces, seule milice alors respectée ; elle avait son arsenal, ses forts et ses canons braqués sur la ville ; elle avait aussi ses démonstrations et ses fêtes ; et quand ses sept mille recrues se déployaient en longue file sur nos quais, avec leurs guidons, leurs chants et leurs clameurs, on croyait encore entendre ce mot sauvage d'un de leurs chefs : « Ou vous nous tuerez, ou nous vous écraserons ! »

Tandis que le flot populaire montait ainsi, montait toujours, où était la digue qui l'empêchât de déborder sur nous en désastres ? où était la puissance humaine qui fît obstacle à sa fureur ? — Le prestige de l'autorité ? Mais ses représentants les plus populaires étaient méconnus et menacés dès qu'ils cessaient d'obéir. — L'armée ? Mais elle avait elle-même glissé dans la licence ; ses uniformes, mêlés aux scènes de la rue, en augmentaient le scandale et l'effroi, et ses chefs assistaient humiliés aux parades de l'insubordination dans le triomphe d'un sergent révolté. — La magistrature ? Mais, désarmée chaque fois qu'elle avait voulu sévir, elle s'était vue traînée en plein midi, la corde au cou, dans la personne d'un substitut courageux. Les choses en étaient venues à ce point dont parle Bossuet, *où Dieu, voulant faire voir qu'un ouvrage est tout de sa main, réduit tout à l'impuissance et au désespoir, puis il agit.*

Or, ce jour-là, on s'en souvient, une seule puissance restait debout sur les ruines de toutes les ressources humaines, la puissance de Marie. Reconnue de tous, ardemment invoquée par ceux de ses enfants qui s'abritaient derrière elle, cette invisible puissance d'une mère était proclamée en frémissant par ses fils égarés, qui lui imputaient leur impuissance : « Jamais, disaient-ils en s'étonnant du charme qui enchaînait leur audace et leurs bras, jamais nous ne pourrons rien faire tant que cette montagnarde sera là-haut. »

Au moment donc où tout allait périr, car Marie se plaît à attendre jusqu'à l'extrémité pour éprouver les siens, au moment où toutes les âmes étaient courbées sous un morne sentiment d'effroi et où les armes chargées s'abaissaient déjà pour une collision fratricide, Fourvières se plaça comme la colonne mystérieuse entre les deux camps, et le peuple de Marie, comme autrefois le peuple de Dieu, se fraya un chemin inespéré vers la paix, à travers cette autre mer Rouge dont les flots sanglants menaçaient de l'engloutir.

En saluant la Vierge mère comme l'auteur de notre délivrance à ce jour d'angoisses, nous ne faisons que répéter ici le cri populaire. Puisse-t-il longtemps retentir au cœur de la cité, et lui rappeler qu'à ces moments suprêmes où tout salut s'évanouit, il est pour les Lyonnais encore une espérance :

NOTRE-DAME DE FOURVIÈRES !

1852.

INAUGURATION DE LA STATUE

DE

NOTRE-DAME DE FOURVIÈRES,

Et Journée du 8 Décembre.

L'amour de Marie et le sentiment d'une légitime reconnaissance avaient fait éclore dans le cœur des Lyonnais une
grande pensée.

C'était d'élever le clocher du sanctuaire de Notre-Dame
de Fourvières au dessus des édifices qui l'environnent, et de
placer sur ce gigantesque piédestal une statue de la Vierge
immaculée. Son image révérée serait le point culminant de
notre horizon, celui que le soleil saluerait matin et soir de ses
premiers et de ses derniers feux, et le chrétien de son premier
et de son dernier regard.

Ce projet, accueilli dès sa naissance avec bonheur par la
population lyonnaise, fut bientôt en voie d'exécution. Tous

les vœux appelaient avec une filiale impatience le moment
où l'œuvre serait accomplie. Chaque jour on levait les yeux
sur la colline pour voir si la tour arrivait à son couronnement, et si bientôt l'auguste Vierge allait rayonner des hauteurs de son nouveau trône aux regards de sa grande famille. Enfin l'heureuse cité apprit que le travail était
terminé. Le 8 décembre 1852, jour de l'Immaculée Conception, fut fixé pour l'inauguration de la statue. Le choix de
cette fête était d'autant plus heureux, que l'Église de Lyon
fut une des premières à célébrer publiquement dans le monde
catholique la gloire de Marie conçue sans péché, et que les
honneurs éclatants décernés aujourd'hui à cet auguste privi-
lége sont une espèce de triomphe pour nos propres traditions.

Essayons d'esquisser cette grande journée.

Dès la veille, toutes les cloches de la ville, ébranlées au
signal donné par le bourdon de la métropole, annoncèrent
les cérémonies du lendemain. La cité s'endormit dans l'i-
vresse d'une pieuse espérance.

Le 8, dès le lever de l'aurore, la foule était déjà immense
à la chapelle, dans les jardins qui l'entourent et dans les
mille voies qui aboutissent au sanctuaire vénéré. Pour que
nul accident ne vînt attrister ce pieux concours, un ordre in-
telligent et rigoureux fut maintenu sur toutes les lignes.

Conformément au programme, une grand'messe fut chan-
tée à onze heures dans la chapelle. Son Éminence le cardinal-
archevêque y assista pontificalement. Le chapitre de la primatiale, presque tous les curés de la ville, le grand séminaire en habit de chœur, la maîtrise de la métropole, en un
mot, 400 prêtres ou lévites entouraient l'autel de Marie. Le

diocèse de Belley y était représenté par son évêque, Mgr Cha-
landon. Enfant de Lyon et ange d'une Église sœur de la nôtre,
ce pontife était là comme pour resserrer, sous les yeux et
dans le cœur de Marie, les liens affectueux qui unirent toujours le siége de saint Anthelme à celui de saint Irénée.

Pendant que, sur le haut de la colline, on préludait à la bénédiction de la statue par la célébration des saints mystères,
la ville était dans l'attente. Tous les quais, toutes les rues,
toutes les places d'où la tour de Fourvières pouvait être
aperçue, avaient été envahis dès le matin par une multitude
nombreuse qui, debout, immobile, silencieuse, palpitante,
tournait ses désirs comme ses regards vers le faîte de la
montagne. On épiait l'instant où la statue, encore voilée, sor-
tirait pour ainsi dire du nuage à la voix du pontife monté
pour la bénir. Chacun tenait à recueillir les prémices de cette
grande apparition comme le premier sourire d'une mère.

Cependant la messe s'achève. Son Eminence, au chant de
l'*Ave, maris stella*, se dirige vers une estrade dressée sur la
terrasse de Fourvières. De là, le pontife bénit la nouvelle
statue qui, dégagée enfin du voile qui l'enveloppait, s'était,
depuis quelque temps, découverte radieuse au peuple lyonnais avide de la contempler.

A ce moment solennel le canon des forts tonne ; les
cloches de toutes les églises s'unissent au bourdon de
la métropole. A cette double voix de la guerre et du
temple se mêlent de brillantes symphonies et les transports
de la piété populaire. Comme si un ressort mystérieux avait
ébranlé simultanément tous les cœurs, un accent unanime
d'amour s'en échappe. Ces flots de voix, de détonations, de

concerts, qui s'élèvent vers les hauteurs d'où Marie se montre à ses enfants, forment un ensemble d'honneurs plus majestueux et plus animé peut-être qu'aucune des fêtes dont Fourvières a gardé le souvenir.

Enfin, par une de ces cérémonies qui rappelle la majesté de la bénédiction papale tombant du haut des basiliques romaines, Son Éminence termine en donnant la bénédiction pontificale à la cité qui se déroule à ses pieds, puis le clergé rentre au chant du Te Deum dans l'antique sanctuaire de Marie, où la cérémonie s'achève par la bénédiction du Saint-Sacrement.

La matinée de ce jour avait été belle ; le soir devait en être prodigieux.

Je ne sais quel instinct filial avait conseillé à la population d'illuminer la ville en l'honneur de Marie. On disait que Fourvières devait se transformer en gerbe de feu, et la statue apparaître éblouissante de lumière au milieu de cette vaste auréole ; la cité prétendait lutter de splendeur avec la montagne. Mais l'orage et bientôt la pluie semblèrent vouloir rendre impossible cette seconde partie de la fête. Une affiche annonça que l'illumination de Fourvières serait ajournée au dimanche suivant. Cette nouvelle, vaguement énoncée, répandit une sorte d'indécision dans la ville. Mais bientôt l'arc-en-ciel se déroula comme un signe d'espérance. Le temps, devenu serein, fit reprendre leur cours aux volontés un instant suspendues, et, sans aucun signal, sans aucun branle parti du dehors, sous la seule impulsion d'un élan pour ainsi dire miraculeux, dont la force a triomphé de mille obstacles destinés à l'éteindre dans le dépit ou l'irrésolution, le peuple lyonnais a fait à son auguste patronne une illumination sans exemple.

Vers les six heures, quelques lueurs éclatèrent sur les pentes de nos collines ; c'était comme ces étoiles éparses qui semblent naître au firmament quand la nuit tombe. Mais en un instant ces clartés timides et solitaires se changèrent en courants irrésistibles ; Lyon fut bientôt englouti dans un océan de feu.

Sur les premiers étages de Fourvières, sur les deux revers de la montagne des Chartreux et de la Croix-Rousse, on vit se dessiner comme un vaste système de constellations. En bas, c'était la Saône, promenant, depuis Vaise et Serin jusqu'à Saint-Georges et Perrache, ses eaux inondées de reflets étincelants, entre deux rives de lumières. Il n'était pas jusqu'au batelier et au pêcheur qui n'eussent illuminé leur pauvre barque. Le Rhône, de Saint-Clair à la Guillotière, faisait admirer les mêmes splendeurs. L'espace compris entre nos fleuves égalait en éclat leurs bords éblouissants. Bellecour, la rue Saint-Dominique et tous les quartiers où réside la fortune s'étaient parés avec une beauté digne de leur opulence. Dans les quartiers et les étages habités par le peuple, le spectacle, tout aussi riche, devenait par là même plus touchant. « On se montrait, dit un journal (1),
« avec attendrissement, l'humble mansarde, tout au haut
« de ces maisons de cinq et six étages, perdue dans la
« brume, solitaire dans la nue, ce soir phare lumineux où
« brillait la pauvre chandelle de quelque pauvre ouvrière,

____

(1) Le *Salut public*, 9 décembre.

« qui demain prolongera sa veille pour regagner ce que
« lui a coûté sa pieuse offrande d'aujourd'hui ; mais cette
« nuit du moins la pauvre ouvrière s'endormira heureuse,
« se disant qu'elle a fait pour Marie tout ce qu'elle pouvait
« faire, et qu'à son tour Marie ne l'abandonnera pas. » Ces
traits émouvants ont été innombrables. On dit qu'à défaut
d'appartements et de croisées, les marchands ambulants eux-
mêmes avaient illuminé les brancards de leurs voitures (1).

Tel était l'ensemble de Lyon. L'incendie allumé par sa
piété pour Marie ondoyait en rayons ardents sur tous les
plis de ses collines, inondait l'immense dédale de ses quais,
de ses places et de ses rues, transformait enfin ses fleuves
en torrents de feux.

Dans ce tableau si imposant par son aspect général, que
de détails délicieux ! Ici, les madones, qu'une piété filiale a

---

(1) « Le fait le plus touchant peut-être qui se soit produit dans cette
soirée mémorable pour Lyon, raconte le journal déjà cité, c'est dans la
rue Martin que nous l'avons vu. Sous une porte cochère il y avait une pe-
tite charrette à bras, la voiture de quelque marchand ambulant, d'un
marchand d'oranges, croyons-nous ; eh bien ! elle supportait une douzaine
de petits bouts de chandelle, disposés avec tout l'art et toute l'imagina-
tion possibles ; le pauvre homme n'avait sans doute pas une lucarne qui
fût à lui, il ne possédait rien autre chose qu'il pût illuminer, il avait illuminé les brancards de sa voiture. »   (*Salut public*, 9 décembre.)

Nous citerons un autre fait non moins touchant dont nous avons été
témoin dans la journée du dimanche. Les soldats du poste attenant à l'hô-
tel du comte de Castellane ont illuminé la guérite du factionnaire ;
c'était le seul coin dont ils pouvaient disposer pour honorer Marie, et qui
n'eût pas été splendidement illuminé par les soins de l'illustre maréchal.

multipliées au coin de nos rues, encadrées dans des décora-
tions pleines de grâce et de poésie; là, des devises, des
emblèmes, des transparents ingénieux, où la pensée artis-
tique luttait de bonheur avec la pensée pieuse (1); ailleurs,
des feux de Bengale rouges, verts, blancs, bleus surtout,
parce que c'est la couleur de Marie, jetant leurs vives clartés
sur quelques images de la bonne Mère; enfin, çà et là, des
chants suaves exécutés par des voix attendries, parlant de
l'auguste Vierge à l'oreille et au cœur, pendant que tant de
flambeaux rivalisaient de clarté pour en parler aux yeux!

Et cependant cette fête était improvisée! Inspiration
spontanée d'un sentiment d'amour, ce spectacle ne fut que
plus enivrant parce qu'il était plus inattendu. Tout le monde
était complice de cette démonstration solennelle, et tout le
monde en était étonné; les espérances même les plus hardies
étaient dépassées, les désirs les plus larges débordés, et la
joie qu'on en éprouvait était d'autant plus profonde qu'elle
révélait, dans la population lyonnaise, un trésor inespéré de
reconnaissance et de foi.

Qu'est-il besoin de dire que la foule se pressait à longs flots
dans toutes les rues et sur tous les quais de la cité? Mais, ce
qu'on ne saurait assez répéter, c'étaient des flots réguliers,

---

(1) Comme celles-ci, que nous avons lues écrites en traits enflammés :
Maria, sine labe concepta, *ora pro nobis;* ces versets des litanies de la
Vierge : *Turris eburnea, Virgo intemerata, Stella matutina.* Des familles
frappées sans doute par quelques pertes cruelles avaient écrit : *Consola-
trix afflictorum;* d'autres, sous l'inspiration de la reconnaissance et de la
joie : *Causa nostræ lætitiæ.*

sans tumulte, se développant avec une succession douce et dans un ordre paisible. Tout était tranquillité au dehors, parce que c'était une félicité pure dans les âmes ; on en voyait éclater le rejaillissement en sourires heureux, en épanouissement sincère et serein sur toutes les physionomies ; on se rencontrait avec bonheur, on se saluait avec effusion, on se serrait la main avec tendresse. Il est plus d'un Lyonnais qui, en abordant ses amis, s'est surpris à verser des larmes. On se disait, dans cet attendrissement mutuel, que jamais on n'avait vu une semblable fête, et l'on tressaillait de penser que cette fête était celle de Marie.

Une seule chose manquait aux désirs de tous, c'était que Fourvières s'illuminât au moins un instant pour montrer encore à la cité l'image de sa Mère. On attendit en vain pendant plus de deux heures ; enfin des flammes de Bengale brillent sur l'Observatoire ; aux lueurs dont elles inondent l'atmosphère, l'image sacrée se découvre aux regards qui la cherchent et l'appellent. Alors un frémissement pieux courut sur la rive de la Saône. On salua avec un transport unanime la libératrice du passé et la protectrice de l'avenir. Après cette acclamation d'amour, la population se retira satisfaite ; la nuit pouvait lui être heureuse, elle avait reçu comme une grande et dernière bénédiction de sa Mère.

Le lendemain de cette journée, désormais immortelle, Son Éminence adressa une lettre de reconnaissance à la cité. En voici le texte ; on y sent palpiter une impression d'ineffable bonheur :

« Un des jours les plus consolants de notre épiscopat, et qui nous a fait oublier bien des jours mauvais, sera sans

« contredit le 8 décembre 1852, fête tout à la fois de l'Im-
« maculée Conception de Marie et de l'inauguration de la
« nouvelle statue de Notre-Dame de Fourvières. Notre cœur
« ne perdra jamais le souvenir du spectacle manifique que
« notre ville archiépiscopale a étalé hier au soir à tous les
« regards. Cette pieuse et brillante manifestation n'a pu lui
« être inspirée que par cet amour traditionnel pour la Mère
« du Sauveur, qu'elle a reçu de ses ancêtres, et qu'elle
« conserve précieusement comme un de ses plus beaux titres
« de gloire. Ce témoignage de piété filiale nous a d'autant
« plus profondément touché qu'il a été spontané, unanime.
« Il a été pour nous une preuve éclatante que les malheurs
« des temps, les commotions politiques, les circonstances
« difficiles qu'il a fallu traverser, n'ont point altéré cette foi
« que Lyon a reçue aux siècles apostoliques et cette con-
« fiance en Marie qui lui a été apportée avec la foi.

« Aussi, pour encourager de plus en plus sa dévotion en-
« vers la sainte Vierge, nous accordons quarante jours d'in-
« dulgence, à gagner trois fois par jour, à ceux qui, tour-
« nant leurs regards vers la statue de Notre-Dame de
« Fourvières, réciteront avec piété la Salutation angélique :
« *Ave, Maria,* etc.

« Lyon, le 9 décembre 1852.

« † L. J. M., cardinal DE BONALD,
« *Archevêque de Lyon.* »

SECONDE MANIFESTATION

DE LA PIÉTÉ LYONNAISE ENVERS MARIE,

Et Journée du 12 Décembre.

La fête était passée ; on avait expliqué par les orages et la pluie de la soirée l'obscurité opiniâtre où Fourvières était resté enseveli pendant que la ville était en feu. Il fut annoncé que la colline se vengerait de ce contre-temps, d'ailleurs inévitable, le dimanche suivant, 12 décembre. À cette nouvelle, Lyon, toujours placé sous le charme de Marie, se promit d'illuminer pour la seconde fois, non pas avec plus d'ensemble, c'était impossible, mais avec plus de richesse que la première.

Il fallut toutefois l'espérer et s'y préparer contre toute espérance. Un vent effroyable s'éleva dans la matinée du 12, et suscita d'universelles appréhensions. Cette crainte, néanmoins, ne fut pas du découragement ; on travailla généreusement aux apprêts, et la nuit venue, quoique le vent ne fût point tombé, les illuminations se déployèrent.

Toutefois, il y eut moins de continuité dans l'immense nappe de feu dont la ville fut enveloppée ; l'extrême agitation de l'air établit çà et là des lacunes sur les divers points des quais et des hauteurs où régnaient des courants ; mais les illuminations partielles ont été mille fois plus éclatantes. Des niches , de petits sanctuaires , des statues de feu se présentaient à chaque pas. On avait multiplié à l'infini le chiffre de Marie et les devises destinées à reproduire quelques uns de ses titres, quelques unes de ses gloires, quelques uns de ses bienfaits. On ne saurait dire tout ce que la piété avait trouvé de génie pour varier ces dessins et ces jeux de lumière.

Ce jour-là, les habitations particulières n'ont pas été les seules à se décorer pour la fête. Toutes les églises avaient pris des façades resplendissantes ; la coupole de Saint-Louis s'était couronnée, comme le 8, d'une triple auréole. Les édifices civils avaient aussi voulu s'associer à la fête ; un cordon de feu ceignait le front de l'Hôtel-de-Ville ; on admirait à la Préfecture un transparent du goût le plus exquis et de l'effet le plus suave ; il représentait deux anges couronnant Marie.

A ces illuminations permanentes s'en joignaient d'autres passagères, mais du plus éblouissant éclat : c'étaient des flammes allumées sur tous les points de l'horizon (1). Sur la montagne des Chartreux , à Saint-Alban, on a vu d'admirables feux d'artifice préluder à celui de Fourvières , impatiemment attendu.

______

(1) Les communes de Brignais, Charly, Oullins, Sainte-Foy, Neuville, Saint-Cyr, etc., etc., ont suivi l'exemple de Lyon et se sont couvertes d'illuminations. Villefranche , dans la soirée du dimanche , était tout en feu.

Vers sept heures, le bourdon de la métropole a donné le signal. De brillantes fusées se sont élancées du pied de la chapelle. Le chiffre de Marie s'est montré au centre d'un rayonnement superbe, puis, après quelques instants d'interruption, un bouquet colossal a éclaté, enveloppant la tour du sanctuaire d'une immense corbeille de lumière. Enfin, d'énormes flammes de Bengale, placées sur l'Observatoire, ont éclairé comme un rayon de soleil la statue de la Vierge ; elle s'est dessinée avec une pureté parfaite, et il ne fallait qu'une légère illusion d'amour pour qu'on crût apercevoir la bonne Mère elle-même.

On se figurera difficilement au loin ce que cette illumination gigantesque et son couronnement présentaient de poésie et de majesté. Il n'est pas jusqu'aux obstacles apparents de la fête qui n'en aient augmenté la magnificence. La plaine était chargée d'une espèce de vapeur sombre, et les feux qui en perçaient l'obscurité avaient tout le charme de ces fanaux mystérieux et lointains qu'on découvre à travers les brumes de mer. De son côté, le ciel manquait d'éclat, les étoiles ne s'étaient point allumées au firmament ; mais ces autres astres que nous avions semés sur notre ville n'en étaient que plus étincelants. Enfin, le vent, en soufflant avec violence, avait éteint ou empêché certaines parties de l'illumination ; mais sa grande voix répandait sur ce tableau une harmonie solennelle : on eût dit que c'était l'hymne de la nature s'unissant à la piété des hommes pour célébrer l'auguste reine des hommes et de la nature.

Pour jouir de cette scène, aussi grandiose qu'attendrissante, la population s'était précipitée tout entière dans les rues. Même concours que le jour de l'Immaculée Conception ; même expression de bonheur ; mêmes témoignages d'attendrissement. Autant de mots heureux à la gloire de Marie prononcés par le peuple lyonnais ; autant de marques de surprise et d'admiration échappées aux étrangers accourus à la fête et mêlés à la foule dont ils partageaient l'enivrement. Des musiques instrumentales vinrent de loin en loin compléter et stimuler par de brillants et vifs concerts la joie universelle. On entendit des chœurs de voix chanter des hymnes ou des cantiques à Marie, et se renvoyer l'un à l'autre, à travers le vent qui mugissait, des échos plus ou moins solennels de leurs pieuses mélodies ; la ville entière était comme un temple immense d'où s'élevaient de chaque point des vœux et des hommages à la reine du ciel (1). Enfin, quand son image s'est révélée à ses enfants du haut de son trône de feu, des applaudissements aussi ardents qu'un élan du cœur ont fait remonter en flots d'amour vers la Vierge divine ce que ses bras étendus semblaient

(1) Sur le quai d'Orléans, près le pont du Change, un groupe de 60 à 80 personnes s'est formé en chœur pour faire retentir l'air des chants à Marie. La foule qui les environnait d'une vive sympathie s'est bientôt laissé entraîner, et toutes les voix se sont mêlées dans un cantique populaire. Enfin, après avoir chanté pendant une heure et demie les louanges de la reine du ciel, tous ont récité à haute voix trois *Ave, Maria*, auxquels le peuple a répondu avec une touchante piété.

De semblables chants se sont fait entendre sur la place Croix-Paquet, au dessous d'une magnifique illumination portant en lettres de feu : *Ave, Maria*.

Sur la place de Saint-Jean un chœur nombreux et nourri de voix imposantes a fait entendre aussi pendant longtemps le chant du *Magnificat*.

épancher sur la ville de grâces et de miséricordes.

Un incident plein d'à-propos a jeté sur cette solennité un surcroît d'intérêt en satisfaisant d'ailleurs une légitime curiosité : c'est l'apparition de l'émir Abd-el-Kader. Il était arrivé le dimanche même à deux heures par les bateaux à vapeur de la Saône. Après avoir reçu l'honneur d'un accueil bienveillant et empressé, soit de la part des autorités civiles et militaires, soit de la part de la population lyonnaise, il a pu jouir du spectacle de l'illumination. On l'a vu, avec son beau type arabe et la distinction pittoresque de son costume oriental, tantôt contempler les splendeurs de Fourvières par une fenêtre faisant face à la montagne, tantôt se promener dans nos rues pour admirer les rubans de feu dont elles étaient ornées. Il a su quel était l'objet de cette brillante démonstration, et par là il a pu se convaincre que si la France est magnifique par sa civilisation matérielle, puissante par ses armées, généreuse par son hospitalité et sa justice même envers ses ennemis, elle est aussi plus religieuse que n'a pu le lui faire supposer l'indifférence malheureusement trop générale de nos colons africains. Il pourra aussi raconter à Brousse, où il emporte la liberté qu'on lui restitue, les merveilles dont il a été témoin dans notre ville, et ses récits, nous l'espérons, portés d'échos en échos, apprendront aux chrétiens de l'Asie Mineure que Lyon a conservé fidèlement pour Marie la dévotion qu'il reçut autrefois de Smyrne et d'Ephèse.

La voilà donc cette fête dont Lyon ne saurait jamais perdre le glorieux souvenir ! Comme mobile, elle est partie d'une immense inspiration d'amour pour Notre-Dame de Fourvières. Comme étendue, elle a embrassé tous les Lyonnais; une

pieuse émulation s'est établie pour y concourir entre le riche
et le pauvre, entre le négociant et l'ouvrier, entre la dame
opulente et l'obscure ouvrière ; des protestants et des juifs
eux-mêmes ont suivi l'entraînement général. Comme éclat,
elle a laissé à des distances infinies toutes les manifestations
civiles et religieuses dont les habitants de notre ville ont jamais été témoins; on peut même affirmer, sans trop de pré-
somption, qu'on ne vit en aucun siècle un spectacle réunis-
sant autant de splendeur à d'aussi vastes proportions. Comme
sentiment, comme impression, elle n'a éveillé dans les âmes
que des pensées pures, des émotions saintes, et fait jaillir
au dehors que des paroles aussi honorables ou aussi pré-
cieuses pour la terre qu'elles ont dû être agréables pour le
ciel. Comme symptôme, comme révélation, elle nous a fait
voir que la foi à Marie n'a pu être altérée dans le peuple de
Lyon ni par les triomphes et les ravages de l'ancien scepti-
cisme, ni par la fiévreuse agitation de nos derniers orages.
Un épanouissement aussi magnifique n'a pu sortir que d'une
racine encore vigoureuse et féconde.

Il y a enfin dans cette ovation sans exemple une significa-
tion plus haute. Marie fut toujours l'aurore du grand soleil.
Chaque fois, dans l'histoire, que son nom rayonne avec plus
de lumière sur le monde, chaque fois qu'à la suite d'une époque de crise, elle a reçu dans de grandes cités ou de grands
empires des hommages extraordinaires, elle a voulu que ces
honneurs fussent pour la terre un signe d'espérance. A l'om-
bre et comme sous le charme de sa gloire, on a vu succéder
aux agitations ou aux déchirements une ère de paix et de
réconciliation. Ainsi en fut-il à Éphèse, ainsi en fut-il à Lé-

pante. Une fête si imposante , il faut l'espérer, ne saurait nous mériter de moindres bénédictions. Après des jours de convulsions et d'angoisses, nous commençons à entrer dans une ère de concorde et de tranquillité. Marie, à qui nous en avons consacré les prémices avec tant de pompe et d'élan, ne peut manquer d'en affermir et d'en perpétuer les bienfaits. Du faîte de la tour où nous l'avons saluée comme une mère chérie et puissante, elle veillera plus que jamais comme une sentinelle attentive ; elle étendra sur nous, sans les replier même un instant, les ailes de sa tendresse, et, sous cette égide protectrice, la grande cité lyonnaise continuera d'échapper non seulement aux atteintes et aux ravages des épidémies, mais au fléau plus terrible encore des discordes sociales et des guerres intestines.

Que son image est d'ailleurs bien placée sur ce piédestal que lui a fait notre reconnaissance ! De là, comme d'un trône qui se détache sur le fond du ciel, elle domine et plane sur l'immensité ; devant elle se déploie un horizon sans limites, et à ses pieds s'agite une famille de trois cents mille enfants. On aime à la voir apparaître sur la colline comme l'étoile du matin ; c'est un fanal dressé par la confiance sur les hauteurs de la cité. Désormais les âmes affligées n'auront qu'à lever les yeux pour trouver un symbole d'espérance. Quand le pieux voyageur s'éloignera de Lyon, il portera ses regards vers ce phare de la montagne, et lui demandera lumière et bénédiction pour la route. Quand, au contraire, les pèlerins viendront à la chapelle, ils verront de loin l'image de Marie étinceler dans l'espace, et à cette vue leur foi tressaillera d'une sainte et filiale émotion.

PROCÈS-VERBAL DE L'INAUGURATION

DE LA

STATUE DE NOTRE-DAME DE FOURVIÈRES.

———

Son Éminence Monseigneur le Cardinal-Archevêque a daigné, pour compléter cette relation, nous donner communication du procès-verbal de l'inauguration de la statue de Notre-Dame de Fourvières.

En voici le texte :

« L'an MDCCCLII et le 8 décembre, fête de l'Immaculée Conception, le Chapitre de l'église primatiale de Lyon, accompagné des élèves du grand Séminaire et de la Manécanterie de Saint-Jean, est monté processionnellement à Notre-Dame de Fourvières. Là, après avoir chanté solennellement la messe, à laquelle Son Eminence Mgr le cardinal de Bonald, archevêque de Lyon et de Vienne, assistait pontificalement, le clergé s'est transporté sur la terrasse de Fourvières, où une estrade avait été élevée. Son Eminence, y étant montée, a béni la nouvelle statue de la sainte Vierge placée sur le clocher, et, pendant cette cérémonie, toutes les cloches de la ville sonnaient à grandes volées et le canon du fort Saint-Just saluait la statue.

« Son Eminence, en terminant, a donné labénédiction pontificale à la ville, et ensuite le clergé est rentré dans l'église en chantant le *Te Deum*. La cérémonie s'est terminée par la bénédiction du Saint-Sacrement.

« En foi de quoi Mgr le cardinal de Bonald a signé le présent procès-verbal avec Messieurs l'abbé Beaujolin , son grand vicaire ; l'abbé Allibert, doyen du Chapitre de l'église primatiale ; l'abbé Des Garets, chanoine et recteur de la confrérie de Notre-Dame de Fourvières ; l'abbé Puillet, supérieur des chapelains de ladite église.

« Lyon, le 8 décembre 1852. »

† L. J. M. cardinal DE BONALD,
Archevêque de Lyon.

BEAUJOLIN *vicaire général.*

ALLIBERT, *chanoine doyen.*

DES GARETS, *chanoine recteur de la confrérie.*

PUILLET, *supérieurs des chapelains de Fourvières.*

NOTICE SUR LA STATUE

DE NOTRE-DAME DE FOURVIÈRES.

C'est à **M.** Fabisch, professeur de sculpture à l'école de Saint-Pierre, artiste à la fois éminent et chrétien, qu'on doit le modèle de cette statue. Elle représente comme idée le mystère de l'Immaculée Conception.

Elle a été fondue et mise en place par MM. Lanfrey et Constant Baud, qui ont fait exécuter le grand modèle par **M.** Guerpillon, élève de l'école lyonnaise. Cette statue colossale de bronze doré est le premier ouvrage de ce genre qui soit sorti des ateliers de notre ville. Des personnes compétentes qui l'ont visitée attentivement ont loué son exécution matérielle; le bronze dont elle est formée est d'une qualité supérieure.

Sa hauteur est de 5 mètres 60 centimètres; elle porte à sa base l'inscription suivante :

BENEFICIORUM. MEMOR. CIVITAS.

et au retour :

ÆRE. LUGDUNENSIUM. 1852.

La hauteur du socle sur lequel elle repose est de 3 mètres ; il est octogone, comme le dôme qui le supporte. Son dessin est de **M.** Dubois, architecte du monument.

Sur chacune de ses faces sont des plaques de bronze portant les inscriptions suivantes :

O MARIE,

MÈRE DE DIEU,

CETTE VILLE EST A VOUS,

PROTÉGEZ-LA.

A LA GRANDE PATRONNE

DE LA CITÉ,

LES HABITANTS DE LYON

EN TÉMOIGNAGE

DES BIENFAITS REÇUS.

LE 16 MARS 1643,

LA PESTE SÉVISSAIT A LYON;

LE CORPS CONSULAIRE

MIT LA VILLE SOUS LA GARDE

DE LA SAINTE VIERGE,

ET LE FLÉAU CESSA.

S. É. LE CARDINAL DE BONALD,

ARCHEVÊQUE DE LYON,

A RENOUVELÉ,

LE 21 NOVEMBRE 1848,

LA CONSÉCRATION DE LA VILLE

A LA SAINTE VIERGE.

AU NOM DE LA VILLE

RECONNAISSANTE,

S. É. LE CARDINAL DE BONALD

A ÉRIGÉ CETTE STATUE

L'AN DU SEIGNEUR 1852.

PAR LA PROTECTION DE MARIE,

LYON A ÉTÉ PRÉSERVÉ

DU CHOLÉRA-MORBUS

EN

1832, 1835, 1850.

TOUTES LES GÉNÉRATIONS

VOUS BÉNISSENT,

TOUS LES SIÈCLES

VOUS APPELLENT HEUREUSE.

SECOUREZ,

Ô VIERGE PUISSANTE,

CEUX QUI IMPLORENT

VOTRE APPUI.

ÉTAIENT MEMBRES DE LA COMMISSION

INSTITUÉE PAR MGR L'ARCHEVÊQUE,

POUR PRÉSIDER A L'ÉRECTION DE

CETTE STATUE DE LA VIERGE :

MM. LE CHANOINE DES GARETS —

DUGAS — GUÉRIN — DE JERPHANION

— MEYNIS — SAINT-JEAN.

SINT NOMINA EORUM IN MEMORIA

EJUS.

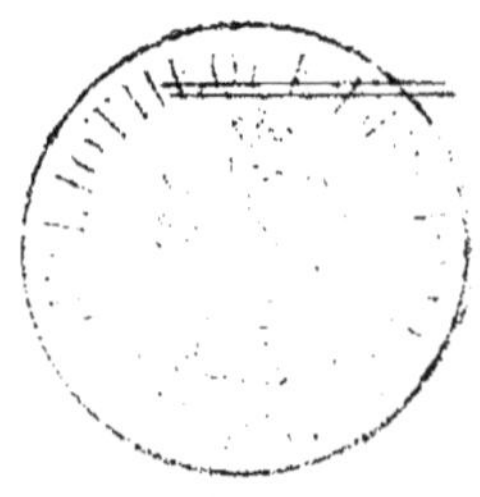

www.ingramcontent.com/pod-product-compliance
Lightning Source LLC
LaVergne TN
LVHW011409170726
843501LV00006B/2110